Ich kenn ein Land, das du nicht kennst,

da macht man Briefpapier aus Elefantenkac

und dieses Land heißt …

... Thailand

Früher lebten in Thailand viele Elefanten. Leider wurden sie von den Menschen nach und nach aus ihrem Lebensraum verdrängt, sodass nur noch wenige Dickhäuter übrig geblieben sind.

Trotzdem gibt es in Thailand immer noch ein Extra-Elefanten-Krankenhaus. Wenn ein Tier dort behandelt wird, macht es vor Aufregung viele große Haufen, die man »Dung« nennt. Daraus wird Papier hergestellt. Der Dung, der aus Pflanzenfasern besteht, wird gewaschen, gekocht und wie Blondinenhaar chemisch gebleicht. Die gesäuberten Pflanzenfasern werden dann versponnen und gefärbt. Dünn auf Siebe verteilt, lässt man sie an der Luft trocknen – fertig ist das Elefantendung-Briefpapier. Keine Sorge, es stinkt nicht!

Martina Badstuber

Ich kenn ein Land, das du nicht kennst …

TULIPAN

Mit Elefanten kann man sogar Polo spielen. Die tonnenschweren Tiere können erstaunlich schnell rennen.

Die meisten Thailänder gehören dem Buddhismus an. Das ist eine der fünf Weltreligionen. Es gibt sehr viele Tempel in Thailand. Sie sind meistens mit Buddhafiguren geschmückt und bieten den Menschen Ruhe zu religiöser Andacht und Meditation.

In Thailand ist es üblich, dass junge Männer sich für mindestens drei Monate in ein Kloster zurückziehen. Auf was müssen sie dort verzichten?

Adieu

Ich kenn ein Land, das du nicht kennst,

da sind Schweine schlauer als Füchse,

und dieses Land heißt …

… Frankreich

Wenn in Frankreich die Jagdsaison beginnt, schwimmen den Franzosen die Wildschweine davon. Ja, richtig gehört! Sie schwimmen durch die Rhone in die Schweiz. Genauer gesagt nach Genf. Dort hat man nämlich schon vor 30 Jahren die Jagd abgeschafft. Kaum zu glauben, aber wenn die Jagdzeit in Frankreich vorbei ist, schwimmen die Tiere wieder zurück in ihre Heimat!

Wildschweine haben eine besonders gute Nase und werden deshalb gern zum Trüffelsuchen eingesetzt. Trüffeln sind Pilze, die unter der Erde wachsen. Ohne die Schweine würde man die wertvollen Pilze gar nicht finden.

Es heißt, dass man in Frankreich vorzüglich essen kann. Viele französische Feinschmecker finden, dass auf der Atlantikinsel Noirmoutier die leckersten Kartoffeln der Welt wachsen. Sie werden von den Bauern mit Meerwasser gegossen, mit Seetang gedüngt und können nur von Hand geerntet werden. Ihr einzigartiger Geschmack hat seinen Preis: Ein Kilo kostet bis zu 500 Euro!

Wusstest du, dass man in Frankreich schon mit zwei Jahren in die Schule gehen kann? Lesen und Schreiben lernen die Kinder dort allerdings auch erst mit fünf. Vorher spielen, malen und basteln sie.

Wie heißt das berühmte französische Baguette auf Deutsch?

Ich kenn ein Land, das du nicht kennst,

da kann man Milch am Stück kaufen,

und dieses Land heißt …

Salz-
wasser-
robben
Süss-
wasser-
robben
Zucker
Milch
am
Stück
je 3.95 Rubel

... Russland

Russland ist das Land der Rekorde: Es ist das größte Land der Welt, und es hat auch die längste Zugstrecke. Die Fahrt mit der Transsibirischen Eisenbahn von Moskau nach Wladiwostok dauert etwa 165 Stunden. Das sind sieben Tage und sieben Nächte hintereinander!

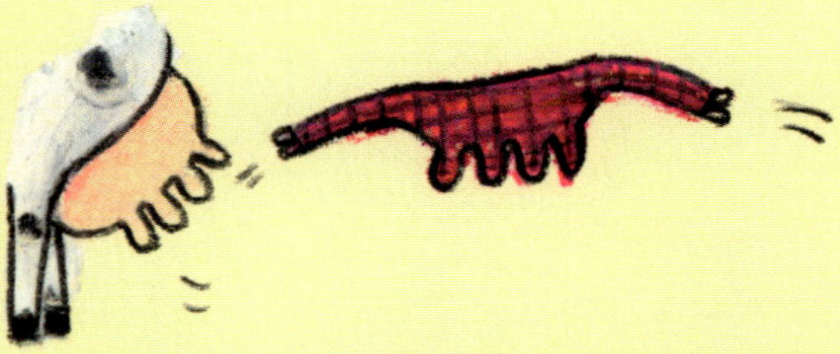

Und noch ein Rekord: Oimjakon, das kälteste Dorf der Welt, liegt in Russland, genauer gesagt in Sibirien. Dort kann man im Winter bei – 71° Celsius bibbern! Damit ihre Euter nicht gefrieren, tragen die Kühe in Oimjakon spezielle BHs. Und weil es so kalt ist, kann man ihre Milch am Stück kaufen, so wie bei uns die Butter!

Und wo liegt der größte, tiefste und älteste See der Erde? Natürlich in Russland! Es ist der Baikalsee, der auch »Sibirisches Meer« genannt wird, obwohl er nur Süßwasser enthält. Hier findet man die Baikalrobbe, die einzige ihrer Art, die im Süßwasser lebt. Wer den ganzen Zucker in den Baikalsee gestreut hat? Natürlich niemand! In Wirklichkeit ist das Wasser nicht süß. Das sagt man nur, weil es im Gegensatz zu Meerwasser kein Salz enthält.

Das bekannteste russische Spielzeug sind bunte Holzpuppen. Öffnet man die größte Puppe, entdeckt man darin eine kleinere und immer so weiter, bis am Ende ein winziges Püppchen übrig bleibt. Wie heißen diese Puppen?

Ich kenn ein Land, das du nicht kennst,

da verlieben sich Käfer in Bierflaschen, und dieses Land heißt …

... Australien

Australien ist die größte Insel der Erde. Hier leben viele Koalabären. Ihr Lieblingsessen sind Eukalyptusblätter. Die sind zugleich ihr Wasserlieferant. Koalas trinken nämlich nie etwas. Das viele Eukalyptus-Fressen macht sie sehr müde, weil die Blätter giftiges Zyankali enthalten. Koalas sind die einzigen Tiere, die das vertragen. Sie können also beruhigt schlafen, denn ihr Futter klaut ihnen so schnell niemand!

Die Prachtkäfer in Australien schwärmen für goldorangefarbene Weibchen. Je größer, desto besser. So kam es, dass den Männchen eines Tages goldorangefarbene Bierflaschen besser gefielen als ihre Weibchen. Sie flogen regelrecht darauf! Fast wären die Prachtkäfer deswegen ausgestorben.

In Australien gibt es auch jede Menge Kängurus. Einige leben bei Melbourne auf einem Golfplatz, fressen den herrlich saftigen Rasen und sehen den Golfern beim Spielen zu. Kängurus treiben selbst ebenfalls gern Sport: Boxen und Weitsprung. Fühlt sich eins der Tiere angegriffen, stellt es sich auf die Hinterläufe, richtet sich zu seiner vollen Größe auf und boxt kräftig um sich. Und das Rote Riesenkänguru kann mit einem Satz acht Meter weit springen!

Die Insel Tasmanien ist der kleinste australische Bundesstaat. Hier lebt der Tasmanische Teufel. Das Raubbeuteltier bekommt rote Ohren, wenn es sich ärgert!

Und warum kommen Buckelwale zur Geburt ihrer Jungen wohl nach Australien?

Ich kenn ein Land, das du nicht kennst,
da sind die Kühe heilig,
und dieses Land heißt …

... Indien

In Indien sind Kühe heilig, weil vor langer Zeit ein Gott auf einer Kuh geritten sein soll. Niemand darf ihnen etwas zuleide tun. Sie können überall frei herumlaufen und bekommen sogar Süßigkeiten. Für kranke Kühe gibt es ein Kuh-Krankenhaus. Wenn sich eine Kuh mitten auf der Straße schlafen legt, müssen alle Autos so lange warten, bis sie wieder aufgestanden ist, oder einen Umweg fahren.

Hast du schon einmal eine Kuh mit Ausweis gesehen? In Indien haben viele Kühe einen, und zwar an ihren Hörnern. Sogar mit Passbild!

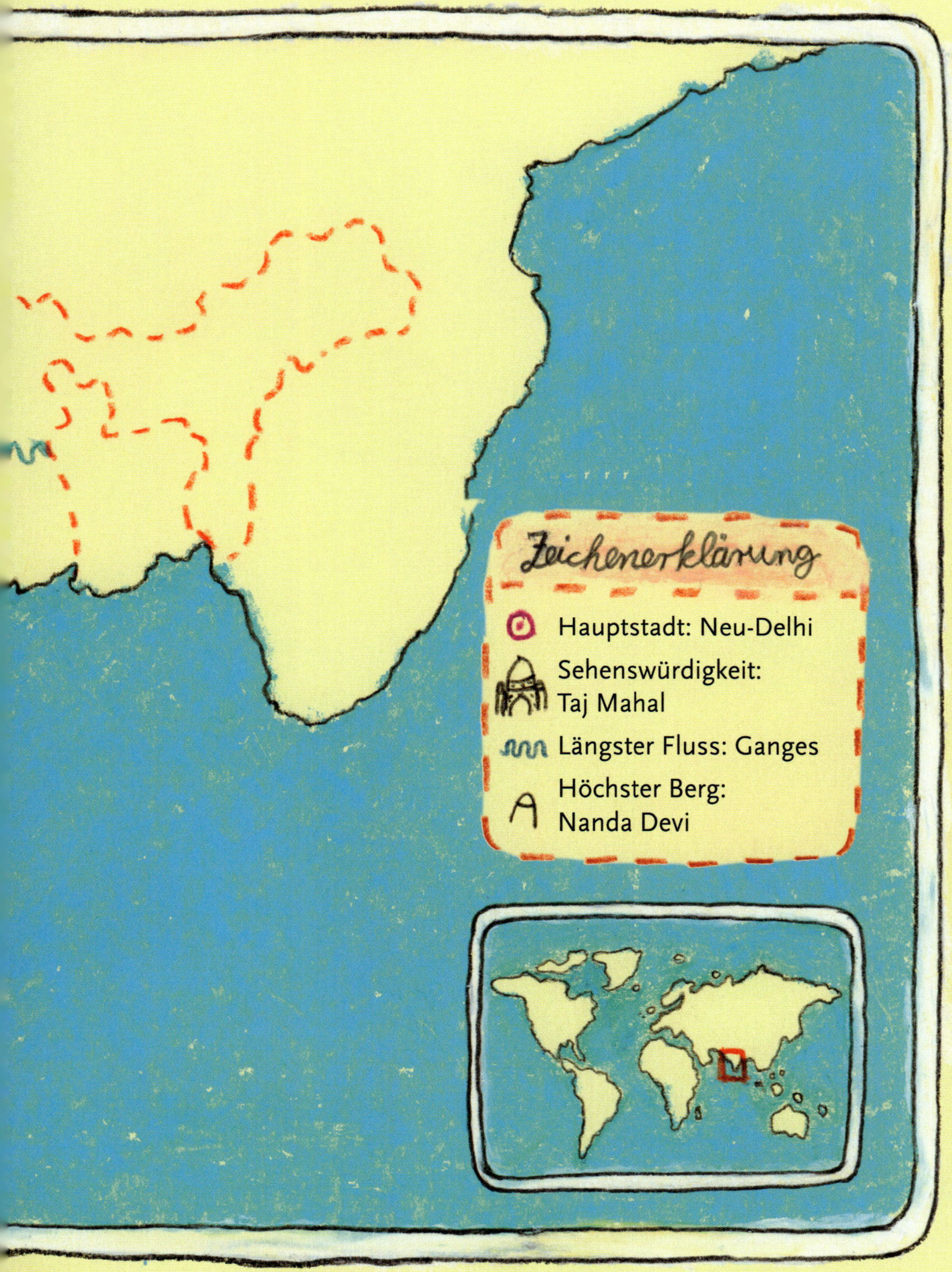

Fische, die vom Himmel regnen? Das ist in Indien tatsächlich schon passiert! Ein Mini-Tornado hat viele kleine Fische aus einem Fluss in die Luft geschleudert. Und dann sind sie über einem Dorf als Fisch-Regen wieder heruntergekommen.

Die Elefanten in Indien haben viel kleinere Ohren als die in Afrika. Und sie sind nicht so wild. Man kann sogar auf ihnen reiten. Viele indische Elefanten arbeiten für die Menschen. Alles, was sie dafür können müssen, lernen sie in einer Elefantenschule.

In Indien und mittlerweile auf der ganzen Welt machen Leute Yoga. Das ist eine besondere Art der Gymnastik. Aber Vorsicht, denn wenn man nicht aufpasst, kann man sich dabei:

Ich kenn ein Land, das du nicht kennst,

da sitzen Eisbären manchmal im Gefängnis,

und dieses Land heißt …

... Kanada

In der Umgebung der Stadt Churchill gibt es doppelt so viele Eisbären wie Menschen! Im Winter fangen die weißen Riesen auf der zugefrorenen Hudson Bay Robben, die zum Luftholen aus Eislöchern auftauchen. Die Hudson Bay ist ein großes Binnenmeer. Im Sommer ist es nicht zugefroren. Dann müssen die Eisbären mit pflanzlicher Nahrung auskommen. Im Herbst versammeln sie sich hungrig an der Küste und warten auf den ersten Frost. Wegen der Klimaerwärmung setzt dieser jedoch immer später ein. Was tun die Tiere vor lauter Bärenhunger? Sie streunen durch die Gärten, stehlen Hundefutter und plündern sogar Speisekammern.

In diesem Fall sollte man schnell die Eisbären-Polizei rufen, die das Tier betäubt und per Hubschrauber ins Eisbärengefängnis von Churchill bringt. Der Plünderer wird aus seiner Zelle erst wieder entlassen, wenn die Hudson Bay zugefroren ist.

Obwohl Eisbären gemütlich aussehen, können sie über 40 km/h schnell rennen. Schneller, als man bei uns in vielen Stadtgebieten Auto fahren darf! Außerdem sind die Bären flotte Schwimmer und können bis zu sechs Meter tief tauchen.

Die berühmteste Sehenswürdigkeit in Kanada sind die Niagarafälle an der Grenze zu den USA. Man kann sie vom Boot aus besichtigen. Es ist ein Erlebnis, an den tosenden Wassermassen vorbeizuschaukeln. Ohne Regenumhang würde man dabei pitschnass werden!

Außer englisch wird hier noch welche Sprache gesprochen?

Ich kenn ein Land, das du nicht kennst,

da klettern die Ziegen auf Bäume,

und dieses Land heißt …

... Marokko

Das Königreich Marokko liegt im Nordwesten Afrikas. Es ist von Europa nur durch eine Meerenge, die »Straße von Gibraltar«, getrennt. Auf der europäischen Seite liegt Spanien. Man kann leicht von einem Kontinent zum anderen hinüberschauen.

In Marokko ist es sehr heiß und trocken. Immer mehr Land wird zu Wüste, und die Viehherden finden nicht viel Nahrung. Deshalb klettern die Ziegen in die riesigen Kronen der Arganbäume und fressen sich dort an Blättern und Früchten satt. Man bräuchte ungefähr 70 Kinder, die mit ausgebreiteten Armen einen Kreis bilden, um so eine Baumkrone zu umfangen.

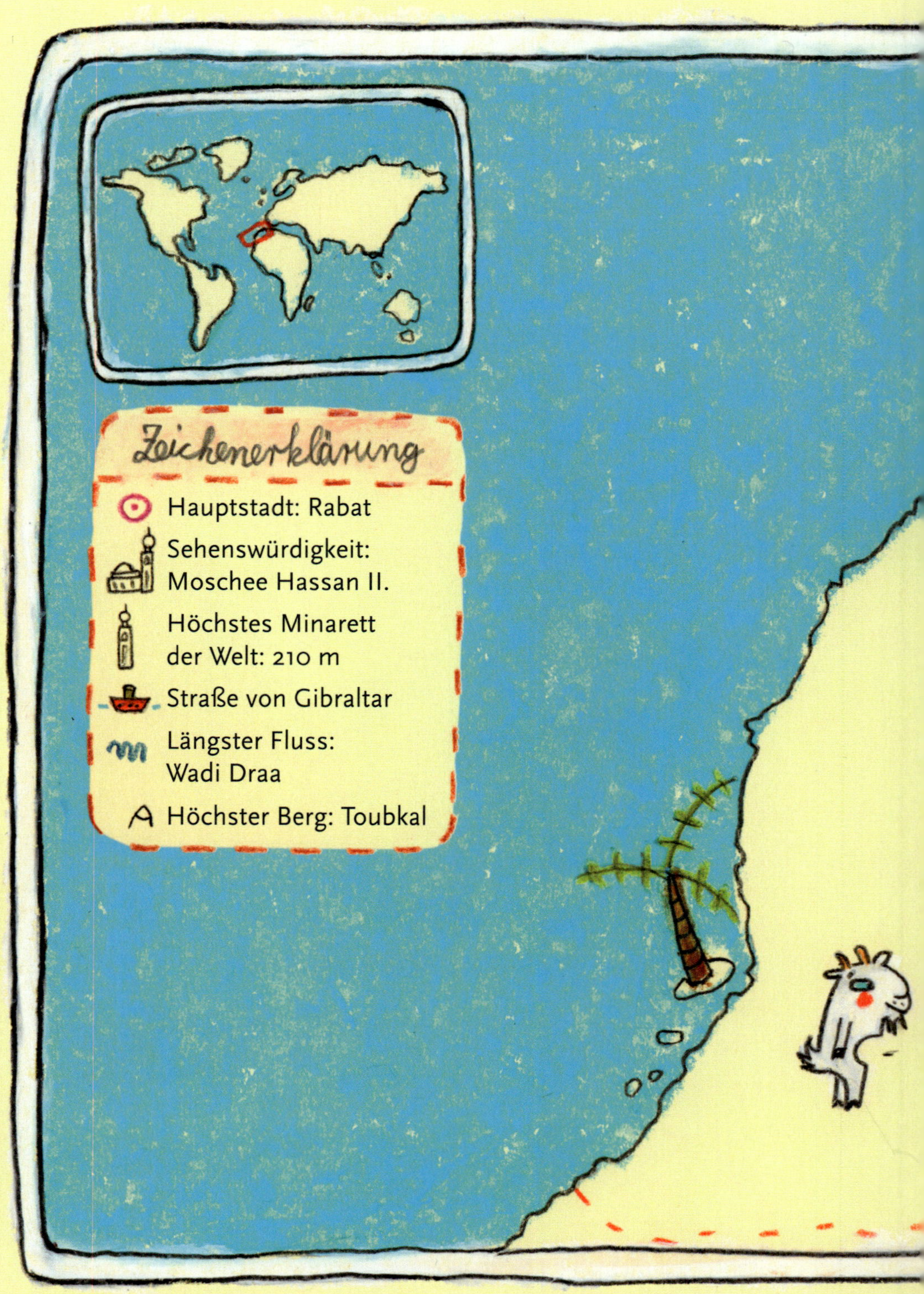

Die Früchte der Arganbäume sind sehr wertvoll, aber wegen der spitzen Dornen für die Menschen nur schwer zu erreichen. Praktisch, dass die Ziegen bei der Ernte helfen: Die Berberfrauen sammeln nämlich einfach die Ziegenköttel auf. Darin befinden sich die Samen, aus denen das kostbare Arganöl hergestellt wird. Für einen Liter Öl braucht man etwa 30 Kilo Früchte.

In Marokko trinkt man gern zu jeder Tageszeit Minztee. Er ist das Nationalgetränk der Marokkaner und wird aus grünem Tee hergestellt, der mit Minzblättern und viel Zucker gemischt ist. Die Marokkaner nennen ihn scherzhaft …

Ich kenn ein Land, das du nicht kennst,

da schlafen die Kühe auf Matratzen, und dieses Land heißt …

… Norwegen

Die Norweger lieben ihre Tiere. Jeder Kuh steht per Gesetz sogar eine eigene Matratze zu. Und weil die Kühe darauf so gut schlafen, geben sie viel mehr Milch.

Zu Norwegen gehören sehr viele kleine Inseln. Manche werden nur von Schafen bewohnt. Wenn eine Insel abgeweidet ist, geht es auf zur nächsten – und zwar mit dem Boot! Manche Schafe sind so erfahrene »Inselhüpfer«, dass sie auf Zuruf von ganz allein ins Taxiboot springen.

Wie in allen Ländern innerhalb des Polarkreises geht die Sonne in Norwegen im Sommer für einige Zeit nicht unter. Dann kann man um Mitternacht noch ohne Taschenlampe im Bett lesen. Dafür wird es im Winter kaum hell. Dann ist der Mond die einzige natürliche Lichtquelle.

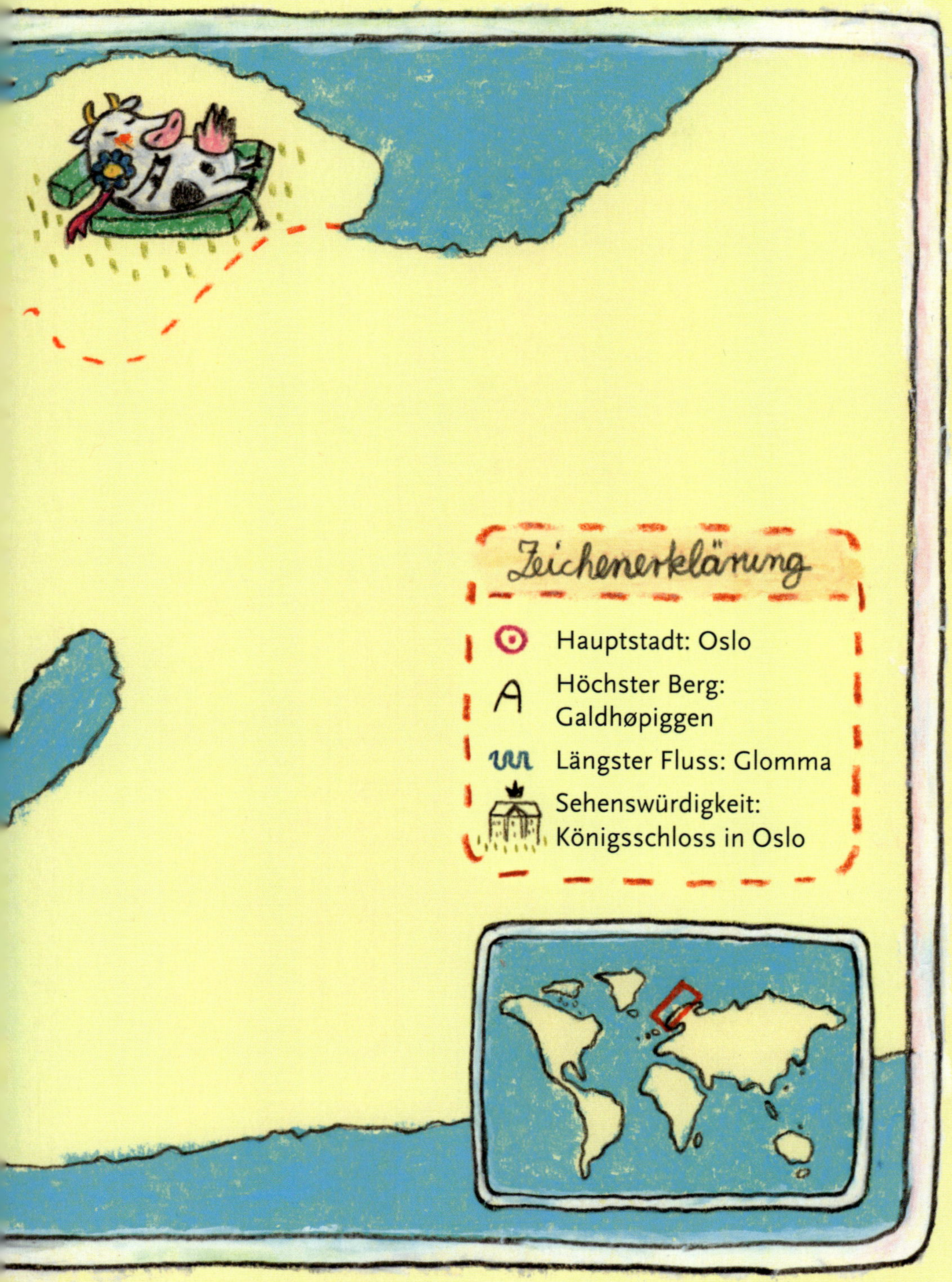

Wer taucht vor Norwegens Küste oft tief im Meer, um zarte Wasserpflanzen zu verspeisen? Das errätst du nie: Es sind Elche! Die größten Hirsche der Welt sind gute Schwimmer. Von klein auf nehmen ihre Eltern sie mit ins Wasser. Wenn es dem Elchkalb zu anstrengend wird, legt es Vorderbeine und Kopf auf den Rücken seiner Mutter und lässt sich von ihr ziehen.

Wusstest du, dass norwegische Königskrabben bis zu zehn Kilo wiegen und eine Beinspannweite von 1,80 Meter haben können? Man nennt sie deshalb auch »Monsterkrabben«.

Die Tiere, die den Schlitten des Weihnachtsmanns ziehen, sollen aus Norwegen stammen.
Sie heißen …

Ich kenn ein Land, das du nicht kennst,

da pinkeln Pandabären im Handstand,

und dieses Land heißt …

acht
sieben
sechs
fünf
drei
zwei
eins

… China

Pandabären gibt es nur in China. Und im Zoo. Aber nur in China pinkeln Pandas im Handstand – bis hoch oben in die Baumwipfel. Wenn ein anderer Panda vorbeikommt und das riecht, denkt er: Das muss aber ein großer Pandabär sein, der hier sein Revier markiert hat!

Pandas verbringen ihre Zeit hauptsächlich mit Fressen, und zwar etwa 14 Stunden am Tag. Am liebsten essen sie Bambusblätter, die sie mit ihren sechs Fingern geschickt zusammenrollen. Das sieht dann aus wie eine Bambuszigarre. Ausgewachsene Pandabären können bis zu 160 Kilo schwer werden. Obwohl sie so gemütlich aussehen, können sie prima klettern und schwimmen. Sie stehen unter Naturschutz und dürfen nicht gejagt werden.

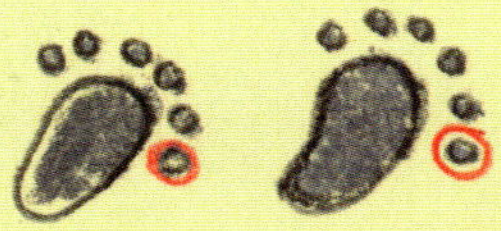

In China glaubt man, dass Drachen Glück bringen. Die Zahl Vier hingegen soll Unglück bringen. Deshalb gibt es in chinesischen Häusern traditionell kein viertes Stockwerk. Natürlich ist keine Lücke zwischen dem dritten und dem fünften Stock, aber man lässt beim Zählen einfach die Vier weg: 1,2,3,5 …

Die Lieblingshaustiere der Chinesen sind Vögel. In China gehen die Menschen mit ihren Vogelkäfigen sogar spazieren. So wie bei uns die Leute mit ihren Hunden.

Und wer frisst Pandas den Bambus weg?

Ich kenn ein Land, das du nicht kennst,

da fressen Pferde Fisch,

und dieses Land heißt …

... Island

Island ist die größte Vulkaninsel der Welt. Dort gibt es viele heiße Quellen, die man »Geysire« nennt. Die Isländer benutzen sie zum Heizen und zum Baden. So wie wir uns zum Essen verabreden, treffen sie sich zum Badevergnügen in ihrer Lieblingsquelle.

Aber Island ist auch bekannt für seine vielen Vogelarten. Als »heimliches« Wappentier der Insel gelten die Papageientaucher. Sie können sehr schnell fliegen, aber auch gut tauchen und leben auf dem größten Vogelfelsen der Welt an der isländischen Küste.

In Island hat jeder dritte Einwohner ein Pferd. Sie werden meist im Freien gehalten, sind sehr robust und auf der ganzen Welt berühmt als »Islandpferde«. Im Herbst werden sie nicht nur mit Getreide, sondern auch mit Fischen gefüttert. Durch das Fischfett bekommen die Tiere ein besonders dichtes Winterfell.

Das ist aber nicht die einzige Besonderheit der Islandpferde. Viele haben neben Schritt, Trab und Galopp noch zwei Gangarten: Tölt und Pass. Beim Tölt sitzt man fast ohne Erschütterungen im Sattel. Eine Wonne für den Po! Beim Pass setzt das Islandpferd erst beide linken, dann beide rechten Beine auf. Es geht wie ein Kamel, und der Reiter schaukelt ordentlich hin und her.

Früher war das Pferd in Island das wichtigste Transporttier und Fisch das Hauptnahrungsmittel. Er wurde getrocknet als »Stockfisch« von den Häfen ins Inselinnere gebracht. Oft bestand ein Transport aus so vielen Fuhrwerken, dass man sie »Pferdezüge« nannte.

Warum würden Isländer ihre Kleinpferde nie »Ponys« nennen?